LANGAGE
COMMERCIAL
ET
CORRESPONDANCE
COMMERCIALE,

SUIVI

D'INSTRUCTIONS ÉLÉMENTAIRES SUR LA TENUE DES LIVRES,

PAR B. JOLY,

Membre de L'INSTITUT Historique et de la SOCIÉTÉ ASIATIQUE de France,

AUTEUR DE LA TENUE DES LIVRES COMMERCIALE, PRIVÉE ET AGRICOLE SANS MAITRE, ET DE L'ART DE BIEN COMPTER,

PROFESSEUR D'UN COURS PUBLIC DES PERSONNES DES DEUX SEXES, NOMMÉ PAR LE

GOUVERNEMENT,

Expert vérificateur de comptabilité.

A PARIS,

CHEZ L'AUTEUR, rue Bourbon-Villeneuve, 54,

ET CHEZ LES PRINCIPAUX LIBRAIRES ET PAPETIERS.

1856

LANGAGE
COMMERCIAL

ET

CORRESPONDANCE
COMMERCIALE.

Imprimerie de BEAU, à Saint-Germain-en-Laye.

LANGAGE
COMMERCIAL
ET
CORRESPONDANCE
COMMERCIALE,

SUIVI

D'INSTRUCTIONS ÉLÉMENTAIRES SUR LA TENUE DES LIVRES,

PAR B. JOLY,

Membre de L'INSTITUT Historique et de la SOCIÉTÉ ASIATIQUE de France,

AUTEUR DE LA TENUE DES LIVRES COMMERCIALE, PRIVÉE ET AGRICOLE SANS MAITRE, ET DE L'ART DE BIEN COMPTER,

PROFESSEUR D'UN COURS PUBLIC DES PERSONNES DES DEUX SEXES, NOMMÉ PAR LE

GOUVERNEMENT,

Expert vérificateur de comptabilité.

A PARIS,

CHEZ L'AUTEUR, rue Bourbon-Villeneuve, 54,

ET CHEZ LES PRINCIPAUX LIBRAIRES ET PAPETIERS.

1856

Comme par le passé, MM. les Négociants et Banquiers trouveront dans les élèves de **M. Joly** *des Teneurs de Livres, Comptables et Caissiers expérimentés.*

Bien que par mes ouvrages on puisse apprendre sans maître, pour en faciliter l'étude aux personnes qui se destinent au commerce, j'offre de leur donner des leçons qui en très-peu de temps les mettront au courant des connaissances qui leur sont nécessaires; ils trouveront, jointes à mes cours, des leçons d'**Écriture**, de **Français** et d'**Anglais**.

PARTIE DOUBLE,	en 12 leçons.	ARITHMÉTIQUE COMMERCIALE	en 15 leçons.
PARTIE SIMPLE,	8 »	COURS DE BANQUE,	8 »
JOURNAL-GRAND-LIVRE,	5 »	» BOURSE,	5 »
COMPTES COURANTS et d'INTERÊTS,	5 »	ÉCRITURE ANGLAISE,	25 »
		» RONDE,	15 »

LEÇONS PARTICULIÈRES pour les Dames le soir et dans la journée.
LEÇONS EN VILLE et dans les Collèges.

PRÉFACE.

Le Langage Commercial que je publie, m'a été demandé par plusieurs Commerçants et Banquiers, il sera, j'en ai la certitude, très-utile au commerce et à l'industrie et évitera à beaucoup d'employés de se voir refuser dans les postes qu'ils sollicitent; refus qu'ils attribuent trop souvent à la recommandation plus ou moins chaleureuse de leurs protecteurs, ou à d'autres motifs qu'ils ne peuvent s'expliquer; s'appuyant sur ce qu'ils ont la connaissance de la Comptabilité, qu'ils ont une belle écriture et une instruction complète. Ces objections ne sont pas fondées, et on peut leur opposer ceci :

L'Instruction, la Comptabilité, l'Écriture, et les recommandations sont sans doute nécessaires, mais elles ne pourraient, à elles seules, donner accès dans une maison de Commerce ou de Banque, si on n'y joint pas la connaissance du Langage Commercial. En effet : Quand un chef d'établissement prend un employé, il le questionne en se servant des mots usités dans le Commerce et juge d'ordinaire par les réponses qui lui sont faites du degré de connaissance de cet employé.

Bien qu'il y ait dans beaucoup de maisons, un Teneur de Livres chargé de la Correspondance et de la Comptabilité, les employés qui sont sous ses ordres n'en sont pas moins occupés à tenir les Livres auxiliaires, tels que : les livres de **Caisse**, d'**Effets à Payer**, d'**Effets à Recevoir**, d'**Escompte**, d'**Entrée** et de **Sortie des Marchandises**, etc., et une infinité d'autres qu'il n'est pas utile d'énumérer ici. Pour faire le travail de ces Livres auxiliaires, il faut, je le répète, avoir quelques notions du Langage Commercial. On confond trop souvent les mots **Comptabilité**, **Tenue des Livres** et **Langage Commercial** qui ont chacun une signification différente. Le premier signifie : le Calcul appliqué aux affaires de la vie; le second consiste dans la manière de tenir avec ordre sur plusieurs livres les notes exactes des différentes opérations de commerce, et le troisième comprend les termes employés dans les affaires et correspondances commerciales.

Dans le modèle de Correspondance commerciale que je donne ci-après, j'ai cru inutile de mettre un plus grand nombre de lettres, attendu que leur formule est généralement la même.

Ecrire clairement et brièvement, sans que cependant le style ni les convenances y manquent, voilà les conditions essentielles pour bien tenir une correspondance de commerce.

J'ose espérer que les personnes qui liront cet ouvrage, y trouveront les connaissances et les indications qui leur sont nécessaires.

VOCABULAIRE

DES TERMES USITÉS DANS LE COMMERCE.

A

Accepteur, celui qui accepte une traite.

Acceptation, promesse écrite au bas d'une traite d'en payer le montant au jour indiqué.

Accepter, mettre son acceptation sur une traite.

Abandon, renonciation du débiteur aux biens qu'il possède pour les laisser à ses créanciers.

A-compte, paiement d'une partie d'une somme due.

Accommodement ou **Accord**, contrat que fait un débiteur avec ses créanciers pour éviter de se déclarer en faillite.

Actions, contrats créés par une compagnie ; titre qui représente la part de l'associé dans une association ; ce titre s'obtient en versant des fonds.

Actionnaire, propriétaire d'actions.

Acquit, quittance, reçu que l'on donne pour une somme payée.

Actif, valeurs que le négociant possède ou qui lui sont dues.

Adiré, billet égaré, traite adirée.

Affréter, prendre un navire à louage en totalité ou en partie.

Agent de Change, celui qui est nommé par le gouvernement pour négocier les effets publics et les effets de commerce.

Agio, différence de valeur entre l'argent et les papiers publics. La différence s'exprime à tant p. 0/0.

Agiotage, trafic sur les effets publics, commerce illicite et usuraire.

Agioteur, celui qui fait l'agiotage, qui spécule sur la hausse ou la baisse des fonds publics dans son intérêt personnel.

Agrès, terme de marine qui signifie toutes les choses nécessaires pour les manœuvres d'un vaisseau.

Annuler, contre-passer un article mal passé pour le redresser.

Appoint, valeur complétant un paiement.

A Présentation, échéance d'un effet payable au moment où on le présente.

Apurer, clore un compte, en payer le reliquat, s'en faire donner quittance.

Apurement, vérification et reddition d'un compte.

Arbitrage, décision d'une affaire par les nommés d'office du tribunal de commerce.

Arbitre, juge choisi par les parties pour terminer un différend.

Argent courant, monnaie ayant cours dans un pays.

Argent banco, valeur en banque publique; se dit en opposition à argent courant.

Armateur, propriétaire d'un ou de plusieurs navires équipés.

Armement, équiper un navire, le tenir prêt à prendre la mer.

Arrêté de compte, reconnaissance de tous les articles mentionnés dans un compte.

Arrhes, gages que l'acheteur donne au vendeur pour marquer l'exécution de la vente. Celui qui a donné des arrhes les perd s'il rompt le marché.

Assignation de fonds. Destiner des fonds au paiement d'une dette, se dit d'un mandat délivré à quelqu'un pour recevoir une somme assignée sur un certain fonds.

Assurance, action de répondre d'une valeur moyennant une remise convenue.

Assuré, celui qui prend une ou plusieurs assurances.

Assureur, celui qui assure des valeurs.

Atermoiement, délai accordé au débiteur par ses créanciers pour effectuer ses paiements.

Aval, garantie pour laquelle un tiers s'engage à payer une traite à défaut du souscripteur. L'aval se met en ces termes sur l'effet : *Bon pour aval,* suivi de la signature.

A valoir, à-compte d'une somme à déduire sur ce qui reste.

Aventure (prêt à la grosse), prêt d'argent à intérêt élevé, moyennant garantie de la somme par le prêteur en cas de sinistre maritime.

Aviser, prévenir, donner avis.

Avoir ou **Crédit**, signifie sur les livres du négociant, qu'il doit à ses correspondants ou aux comptes qui les remplacent. Ce mot se place toujours au haut de la page droite, au côté droit du compte.

A vue, payable à vue, dès qu'on présente ou l'effet ou la lettre.

Auxiliaires, noms génériques des différents registres de commerce, autres que les trois principaux.

B

Balance, opération qui consiste à prendre le solde ou différence du **Doit** et de l'**Avoir**, et à porter ce solde du côté le plus faible pour obtenir une somme égale des deux côtés.

Balancer un compte, en faire la balance.

Balle, certain volume de marchandises enveloppé d'une toile d'emballage pour les garantir de l'avarie.

Banque, caisse publique où l'on dépose les capitaux que l'on veut rendre productifs.

Banquier, celui qui opère sur les effets publics ou de commerce, moyennant un escompte.

Banqueroute frauduleuse, action de celui qui, pour s'enrichir, cesse ses paiements et prend la fuite emportant avec lui ses marchandises ou ses effets.

Banqueroute simple, action de celui qui, sans intention de fraude, cesse ses paiements pour cause de pertes éprouvées dans la vente de ses marchandises, ou pour emprunts qu'il ne peut rembourser.

Banqueroutier, celui qui fait banqueroute.

Baraterie, terme de commerce maritime qui signifie larcin, altération, déguisement de marchandises que peuvent exercer le maître et l'équipage d'un vaisseau contre les intérêts du marchand chargeur ou des propriétaires des objets chargés.

Bazar, lieu où l'on dépose et où l'on vend des marchandises.

Besoin (Au), indication mise sur un effet de commerce, afin que le porteur se présente pour en recevoir le montant à l'adresse désignée si le souscripteur n'a pas soldé.

Bilan ou **Inventaire**, état général de l'Actif et du Passif d'un négociant.

Billet ou **Promesse**, engagement par écrit de payer une somme à une époque déterminée ou à la volonté du créancier.

Billet à ordre, billet qui peut être mis en circulation ; effet de commerce.

Billet à domicile, billet payable par une autre personne que celle qui doit fournir les fonds.

Bonification, rabais, diminution. Ce mot se prend aussi dans le sens d'augmentation de valeur par suite d'un excédant imprévu de marchandises.

Bordereau, état ou note des diverses espèces qui composent une certaine somme, ou des sommes partielles qui composent un compte.

Bourse, lieu où s'assemblent les négociants et les agents de change pour traiter de leurs affaires, et où se cotent les effets publics au cours légal.

Brevet d'invention, titre accordé par le gouvernement à l'auteur d'une découverte ou d'une invention nouvelle, pour lui en garantir la jouissance exclusive pendant un temps déterminé.

Brouillard, minute que l'on se propose de mettre au net, ou livre de commerce où l'on inscrit d'abord toutes les opérations d'un négociant pour être ensuite reportées sur le Journal ou sur le Grand-Livre.

Brut, poids des marchandises avec leur enveloppe.

C

Cabotage, navigation sur de petits bâtiments de port en po le long des côtes.

Caisse, lieu où l'on paie ; coffre qui renferme le numéraire. L'un des cinq comptes généraux.

Capital, totalité de la fortune d'un négociant. Se dit aussi d'une somme en espèces portant intérêt.

Cargaison, totalité des marchandises dont on charge un navire ou vaisseau.

Cédant, celui qui cède un effet de commerce.

Cessionnaire, celui à qui est cédé un effet de commerce.

Change, négociation d'effets sur l'étranger ou d'une ville à une autre dans le même pays : différence de la valeur des monnaies de tels pays avec celle de tel autre pays.

Colis, terme de roulage : caisse, ballot, etc.

Client, correspondant d'une maison de commerce.

Clientèle, totalité des clients d'un négociant.

Commanditaire, bailleur de fonds dans une société en commandite.

Commandite, société de commerce ou d'industrie gérée par un sociétaire responsable : les autres sociétaires ne répondent des dettes contractées que jusqu'à concurrence de leur mise de fonds.

Commettant, commerçant qui en charge un autre de faire des affaires pour son compte.

Commission, ordre que l'on donne ou que l'on reçoit pour l'achat ou la vente de marchandises ou pour opération de banque.

Commissionnaire, celui qui fait des affaires par commission pour le compte d'un autre.

Compensation, créance qu'on donne à une personne qui nous la doit, en paiement d'une somme que nous lui devons.

Compromis, écrit signé de diverses parties sur un objet qui les intéresse respectivement, et par lequel elles s'engagent de s'en rapporter à la décision des arbitres en cas de contestation.

Compte courant, compte tenu pour toutes les opérations à régler par un négociant avec un autre négociant.

Compte, addition de plusieurs sommes, état de ce qu'on nous doit et de ce que nous devons.

Compte de retour, état comprenant le montant d'un effet protesté, les frais de protêt, la commission, etc.

Comptes généraux, les cinq comptes du Grand-Livre tenu en partie double.

Compte de vente, état détaillé des marchandises vendues par un commissionnaire pour le compte d'un négociant.

Comptoir, lieu que les Européens regardent comme le centre de leur commerce dans les colonies et à l'Etranger; les comptoirs appartiennent aux nations et les factoreries aux marchands.

Concordat, accommodement entre un failli et ses créanciers, par lequel ces derniers font remise au failli de tout ou partie des créances, et dans ce dernier cas, qui est le plus ordinaire, lui accordent des délais pour payer. L'atermoiement diffère du concordat en ce que les créances sont admises sans réduction.

Connaissement, contrat pour le transport des marchandises par mer; la loi veut qu'il soit fait en quatre exemplaires.

Consignation, dépôt de marchandises, d'effets de commerce, d'argent, à un correspondant, avec autorisation d'en disposer selon la volonté de la personne qui a consigné.

Consignataire, dépositaire d'une somme ou d'une chose consignée.

Consigner, adresser un vaisseau, une marchandise à un correspondant pour être vendus pour le compte de l'envoyeur.

Contrainte par corps, acte en vertu duquel un créancier peut faire emprisonner son débiteur pour le contraindre à lui payer ce qu'il lui doit.

Contrat d'union, acte par lequel les créanciers s'unissent pour faire vendre les biens du failli à qui ils ont refusé le concordat.

Contre, échange de valeurs contre écus.

Contre-passer. Voir *Annuler*.

Copie de lettres, livre où l'on copie les lettres que l'on envoie relativement au commerce.

Correspondant, qui correspond, qui trafique avec un négociant.

Cote, mise en ordre des valeurs de toute espèce composant l'inventaire d'un négociant.

Coter, marquer suivant l'ordre des lettres, des nombres, des dates. — (une lettre de voiture), calculer ce qui devra être payé à un voiturier.

Coupon, partie de l'intérêt échu ou à échoir d'une rente.

Courtage, commission accordée aux courtiers.

Courtier, celui qui fait le courtage.

Courtier marron, celui qui sans titre officiel exerce le courtage.

Créance, somme qui est due en vertu d'un acte quelconque.

Créancier, celui auquel il est dû ; celui qui possède une créance.

Crédit. Voyez *Avoir*.

Créditer, porter une somme au crédit d'un compte.

Créditeur, synonyme de créancier.

D

Date, époque fixée pour le paiement d'une somme.

Débit ou **Doit**, côté gauche ou colonne gauche d'un compte où l'on met les mots *débit* ou *doit*.

Débiter, porter une somme au débit d'un compte.

Débiteur, le compte ou l'individu qui doit.

Débours, somme déboursée et avancée pour quelqu'un.

Debout (Passe-), se dit des marchandises non soumises aux droits d'entrée d'une ville où elles ne sont pas déchargées.

Décharger un compte, mentionner la sortie des objets dont il était chargé et les sommes payées par celui qu'il remplace.

Délai, prolongation de l'échéance d'un effet ou de toute autre dette quelconque accordée par un créancier à son débiteur.

Délaissement. Voyez *Abandon*.

Demeurer garant, garantir, se porter responsable.

Dettes passives, sommes que nous devons.

Dettes actives, sommes qui nous sont dues.

Dito, signifie *idem* et s'emploie pour rappeler une date, un article, un mot écrit précédemment et au-dessus.

Dividende, portion afférente à chaque créancier sur la somme qui reste à partager après la liquidation d'une maison en faillite. — Portion d'intérêt ou de bénéfice qui revient à chaque actionnaire d'une compagnie.

Ducroire, demeurer garant.

Doit, synonyme de Passif. — Au Grand-Livre, la page gauche d'un compte.

E

Échéance, jour, époque où un effet est payable.

Effets, billets à ordre, traites, lettres de change, etc.

Effets à payer, effets que nous devons payer, tels que billets souscrits par nous, traites tirées sur nous.

Effets à recevoir, ceux qui ont été consentis ou passés à notre ordre. Voyez *Effets à recevoir*.

Encaisser, recevoir en espèces le montant des effets.

Enchérir, donner un prix plus élevé que celui déjà offert.

Endossement, transporter une valeur à quelqu'un par un ordre écrit au dos de cette valeur.

Endosser un effet, mettre un endos à un effet, le passer à l'ordre de quelqu'un.

Escompte, bénéfice ou perte sur un effet escompté ou négocié.

Escompter un effet, donner en argent au propriétaire de l'effet la valeur de cet effet, déduction faite de l'escompte. *Faire escompter un effet*, le céder contre des espèces.

Exportation, envoi des marchandises à l'étranger ; il se dit aussi d'un envoi fait d'un endroit à un autre dans le même pays.

Extrait, relevé d'un compte.

F

Facteur, commissionnaire chargé par un commerçant d'acheter, de vendre ou de recevoir pour lui.

Facture, note remise par le vendeur à l'acheteur, donnant le détail des marchandises vendues.

Failli, marchand qui a fait une banqueroute non frauduleuse.

Faillite, banqueroute non frauduleuse; insolvabilité légalement reconnue d'un commerçant.

Folio, synonyme de page.

Foliôter, mettre les numéros à un livre.

Fonds, somme formant le capital d'un négociant.

Fonds publics, papiers que le gouvernement remet à ses créanciers, et dont la valeur suit le cours de la Bourse.

Fournir, synonyme de tirer une traite sur quelqu'un.

Frais généraux, frais ordinaires d'une maison de commerce.

Fret, prix du louage d'un vaisseau ou navire.

Fréter, louer un navire.

Fréteur, celui qui donne un vaisseau à louage.

G

Grosse, intérêt pris ou donné sur les objets livrés à la grosse aventure.

Grosse aventure, contrat à la grosse aventure; argent prêté à la grosse aventure; prêt que l'on fait sur un vaisseau seulement ou sur les marchandises qui y sont chargées, ou sur les deux ensemble, ou à quelqu'un qui fait un voyage de mer ou de long cours pour recevoir la somme prêtée avec un intérêt considérable, avec la condition que, si le vaisseau ou les choses sur lesquelles le prêt est fait viennent à périr, la somme prêtée sera perdue sans recours contre l'emprunteur, mais seulement contre l'assureur si on l'a fait assurer.

2

H

Honneur (Faire). C'est accepter une traite tirée par une personne à qui l'on ne doit rien, dans le but d'établir la solvabilité du tireur et de payer cette traite à l'échéance.

I

Inscription de rente, titre donnant le droit de toucher des rentes au trésor public.

Intérêt, bénéfice ou perte qu'un commerçant fait sur l'argent qu'il prête ou qu'il emprunte, sur l'escompte ou la négociation d'effets de portefeuille.

Inventaire. Voyez *Bilan*.

J

Journal, livre où sont inscrites au net jour par jour toutes les opérations du négociant.

L

Lettre de change, effet de commerce par lequel un commerçant ordonne à une personne habitant une autre ville de payer une somme à l'ordre d'une autre personne. Les lettres de change ne peuvent être souscrites dans la ville où elles sont payables.

Lettre de voiture, contrat entre le voiturier et l'expéditeur pour le transport des marchandises par terre.

Lettre de crédit, lettre par laquelle un commerçant prie un de ses correspondants de remettre une somme déterminée à une personne nommée.

Libellé, raisonnement que l'on fait sur l'opération dont on passe écriture.

Libeller, raisonner un article.

Livraison, remise que l'on fait des marchandises que l'on a achetées ou vendues.

M

Magasin, lieu où un marchand dépose ses marchandises.

Mandat, traite payable sans acceptation ; à vue.

Marchandises, tout ce qui se vend et s'achète.

Marques, certains signes ou caractères qui s'appliquent ou s'impriment sur plusieurs sortes de marchandises. La marque d'un marchand est sa propriété ; la loi en punit la contrefaçon d'une amende, sans préjudice des dommages et intérêts, frais d'impression et d'affiches du jugement aux dépens du contrefacteur.

Montant brut, valeur des marchandises avant déduction de l'escompte.

Montant net, valeur des marchandises escompte déduit.

N

Négocier, mettre un effet en circulation, le vendre contre des espèces moyennant une remise d'escompte ou pour perte de place.

Négoce, trafic, commerce de marchandises, d'effets négociables.

Négociation, action de négocier.

Négociant, celui qui trafique en marchandises, en lettres de change ou autres effets négociables.

Net-produit, montant d'une vente tous frais payés.

Noliser, fréter, louer un vaisseau.

Nolis. Voyez *Fret*. Se dit sur la Méditerranée.

O

Ordre, souscrire un effet *à l'ordre* de quelqu'un ; endosser un billet *à l'ordre* de Jacques.

P

Pair, solder un effet au pair, veut dire en payer la valeur sans déduction d'escompte.

Passe-avant ou **Passavant**, billet portant ordre de laisser passer les marchandises qui ont déjà payé le droit.

Passe-Debout. Voir *Debout*.

Passif, ce que nous devons.

Patente, brevet qu'un individu doit avoir pour pouvoir exercer un commerce, une profession, un état, et sans lequel il ne peut recourir en justice.

Participation, affaire entreprise en société entre plusieurs commerçants.

Parfaire, ajouter à un paiement, à une somme ce qui y manque.

Pointer, marquer d'un point les articles que l'on vérifie du Journal au Grand-Livre.

Porteur, celui qui est porteur d'une traite, d'un effet, et qui doit en toucher le montant.

Preneur, celui au profit duquel une traite est passée.

Prescription, délai passé pour un paiement et par lequel la créance n'a plus de valeur.

Prime, somme accordée pour assurer des marchandises.

Profits et pertes, l'un des cinq comptes généraux, présentant les bénéfices et les pertes d'un négociant.

Promesse. Voyez *Billet*.

Prorogation, temps accordé pour le paiement d'un effet.

Protêt, acte fait par huissier pour constater le non-paiement d'un effet, la non-acceptation d'une traite.

Provision, la somme qui doit servir au paiement d'une traite entre les mains de celui sur qui cette traite est tirée.

Q

Quarantaine, séjour de quarante jours que les vaisseaux sont tenus de faire dans certains ports de mer, lorsqu'ils arrivent de pays soupçonnés de contagion.

R

Rabais, diminution sur le prix d'une vente ou d'un achat.

Raison sociale, nom que prend une société pour faire le commerce ou l'exploitation d'une industrie.

Rapporter, porter les articles d'un livre à un autre.

Récépissé, reçu ou reconnaissance d'une somme payée.

Rechange, payer pour avoir une lettre de change à la place de celle protestée.

Recours, action qu'on peut avoir contre quelqu'un pour être garanti ou indemnisé.

Reglement, action d'arrêter toutes les parties d'un compte.

Reliquat, ce qui est dû par quelqu'un après la clôture et l'arrêté de son compte.

Remboursement, paiement d'une somme due, ou d'une traite que le souscripteur n'a pas payée à son échéance.

Remise, effet qu'on remet à quelqu'un ; lettre de change qu'on remet de place en place. Ce mot se prend aussi dans le sens de rabais, de diminution.

Renouvellement, effet souscrit à une échéance autre que celle qu'on avait désignée.

Répertoire, livre où sont inscrits, par lettres alphabétiques les noms des correspondants du négociant.

Report, transport des totaux d'une page à une autre.

Retrait, placement au crédit ou au débit d'un compte d'une somme retirée du débit ou du crédit d'un autre compte.

Retraite, valeur tirée sur une personne qui a fait traite pour une somme égale. — Remboursement d'un compte de retour.

Revendication, réclamation faite par un individu d'une marchandise qu'il a vendue à un autre individu qui lui a paru insolvable ou qui a fait faillite.

Revirement, transport à une personne d'une créance équivalente à la somme qu'on lui doit.

S

Sauf-Conduit, acte qu'un officier public délivre à un débiteur sur la demande de ses créanciers pour le garantir de la contrainte par corps pour tout le temps exprimé dans cet acte.

Solde, somme qu'on ajoute au débit ou au crédit d'un compte pour rendre les deux totaux égaux.

Solder un compte, payer ce qui reste dû sur un compte.

Solidaire, consentir avec une autre personne une obligation et la garantir.

Souscripteur, celui qui signe un acte quelconque et qui a pris l'engagement de le payer.

Syndic, agent chargé par les créanciers d'une faillite de veiller à leurs intérêts et de suivre toutes les affaires de cette faillite.

T

Tare, poids de l'enveloppe des marchandises, diminution de prix accordée pour non-valeur.

Taux, prix établi des marchandises. — Intérêt à tant p. 0/0 d'une somme prêtée.

Tiré, celui reçoit l'ordre de payer une lettre de change. Opposé à tireur.

Tirer, fournir une lettre de change ou faire une traite sur quelqu'un.

Tireur, celui qui donne l'ordre au tiré de payer une lettre de change. Le tireur appose sa signature au bas de la traite.

Traite, se dit lorsqu'en parlant d'une lettre de change on désigne en même temps le tireur.

Traites et remises, synonyme d'effets à recevoir, un des cinq comptes généraux.

Transiger, prendre un arrangement sur un différend.

Transaction, acte par lequel on transige sur un différend ou un procès.

Transfert, céder à quelqu'un par un acte une valeur quelconque.

Transport, synonyme de transfert.

Transporter, faire le transport d'une valeur.

U

Usance, échéance, terme de trente jours.

V

Valeur en compte, valeur à déduire d'une somme plus forte.

Valeur au comptant, valeur payable instantanément.

Valeurs, effets de commerce ou autres.

Virement. Voir *revirement*.

Visa, date mise par le tiré sur une traite à tant de jours de vue Le visa n'oblige pas, comme l'acceptation, le tiré à payer la traite à échéance.

Viser, mettre sur une traite vu ou visa.

Vue (à). Voir *à vue*.

ABRÉVIATIONS.

Ass^{ce}.	Assurance.
Av^{ce}.	Avance.
Accep^{on}.	Acceptation.
Art.	Article.
B/.	Billet.
B^{le}.	Balle.
B^{que}.	Barrique.
B/^{que}.	Banque.
Cte.	Compte.
Cte à 1/2, à 1/3	Compte à demi, à tiers.
C^{sse}.	Caisse.
Cte C^{t}.	Compte courant.
Cie.	Compagnie.
Com^{on}.	Commission.
D^{o}.	Dito.
D^{t}.	Doit.
Eff. à P.	Effets à payer.
Eff. à R.	Effets à recevoir.
Esc^{te}.	Escompte.
F^{re}.	Facture.
F.	Franc.
F^{s}.	Frais.
F^{o}.	Folio.
G^{aux}.	Généraux.
G^{al}.	Général.
G^{sse}.	Grosse.
Int^{s}.	Intérêts.
Id.	Idem.
J^{al}.	Journal.
K^{log}.	Kilogramme.
L/ o/.	Leur ordre.
M/ B/.	Mon billet.
M^{ses} G^{les}.	Marchandises Générales.
M/ Cte.	Mon compte.
M^{sin}.	Magasin.
M^{d}.	Marchand.
M^{dat}.	Mandat.
M^{t}.	Montant.
M/ o/.	Mon ordre.
M/.	Mon ou mes, etc.
N/.	Nous ou notre.
N^{o}.	Numéro.
N^{égt}.	Négociant.
N/ S^{r}.	Notre Sieur.
O/.	Ordre.
P. %.	Pour cent.
P. ‰.	Pour mille.
P^{r}. et P^{tes}.	Profits et pertes.
P^{ble}.	Payable.
P^{ment}.	Paiement.
R^{ment}.	Réglement.
R^{se}.	Remise.
Remp^{ment}.	Remplacement.
Remb^{t}.	Remboursement.
R^{r}.	Retour.
R^{d}	Retard.
R^{ge}.	Roulage.
S^{r}.	Sur.
S/.	Son, ses.
S/ o/.	Son ordre.
S^{de}.	Solde.
T^{x}.	Tonneaux.
T.	Tonneau.
T^{te}.	Traite.
V^{re}.	Voiture.
V/.	Vous, votre.
V^{r}.	Valeur.
Vte.	Vente.

AVIS.

Je ne donne dans les instructions, qui suivent, sur la Tenue des Livres, que les notions les plus élémentaires.

Pour de plus amples renseignements voir ma *Tenue des Livres commerciale, privée et agricole*, sans maître, en 20 leçons, qui se trouve chez les Papetiers et Libraires et chez moi.

INSTRUCTIONS

Explication des mots dont il faut bien se pénétrer pour apprendre à Tenir les Livres.

DÉBITER quelqu'un. C'est écrire sur le Livre-Journal, qu'il doit.

CRÉDITER quelqu'un. C'est écrire sur le Livre-Journal, qu'on lui doit.

DÉBITEUR. C'est celui qui doit.

CRÉANCIER. C'est celui à qui il est dû.

DÉBIT ou DOIT. On met ce mot à la page gauche d'un compte, pour indiquer que tous les articles écrits sur cette page sont dus par la personne pour laquelle ce compte est ouvert.

CRÉDIT ou AVOIR. C'est le côté ou la page droite du Grand Livre, où l'on écrit tous les objets qu'on doit à une personne.

SOLDE DE COMPTE. C'est ce qui manque, soit au débit, soit au crédit d'un compte, pour que l'un soit égal à l'autre.

SOLDER UN COMPTE. C'est rendre le débit égal au crédit,

ou rendre le crédit égal au débit, et ensuite rapporter le solde ou la balance à compte nouveau.

PASSER ÉCRITURE. C'est écrire sur le Livre-Journal le détail d'une opération convenue ; — c'est débiter ou créditer une personne.

FAIRE LA BALANCE GÉNÉRALE. C'est solder tous les comptes au Grand-Livre comme il vient d'être expliqué.

RAPPORTER. C'est écrire au débit ou au crédit d'un compte un article passé au Journal.

POINTER LES LIVRES. C'est comparer les articles du Livre-Journal avec ceux du Grand-Livre pour savoir s'ils sont bien extraits, soit au débit, soit au crédit, et pour connaître si les sommes sont pareilles. Lorsqu'elles sont vérifiées, on met un point à l'encre rouge, pour indiquer qu'il n'y a pas d'erreur.

DES CINQ COMPTES GÉNÉRAUX.

Le commerce a cinq objets principaux qui lui servent continuellement de moyens d'échanges, savoir : la CAISSE, les MARCHANDISES, les EFFETS A PAYER, les EFFETS A RECEVOIR, les PROFITS ET PERTES.

Le négociant ouvre un compte à chacune de ces cinq classes générales d'objets, afin de le *débiter* et *créditer*, chaque fois qu'il reçoit et fournit des objets de ce compte.

1° La **Caisse** représente l'argent et les billets de banque; on la *débite* des valeurs qui rentrent, et on la *crédite* de toutes celles qui sortent.

2° Les **Marchandises Générales** comprennent toutes les marchandises qui entrent et toutes celles qui sortent; on les *débite* à leur entrée, on les *crédite* à leur sortie.

3° Les **Effets à Payer** sont des billets ou promesses écrites, par lesquelles on s'engage à payer une somme à une époque déterminée ; on les *crédite* lorsqu'on les souscrit ou qu'on les accepte, et on les *débite* quand ils rentrent ou qu'on les paie.

4° Les **Effets à Recevoir** sont ceux dont on n'est pas le souscripteur ; on les *débite* de tous ceux qui rentrent, et on les *crédite* de tous ceux qui sortent.

5° Le compte de **Profits et Pertes** se *débite* de toutes les pertes, et se *crédite* de tous les bénéfices.

Ces cinq comptes pourraient se subdiviser chacun en plusieurs autres comptes ; mais si on voulait les nommer sous leurs différentes dénominations, et expliquer les divers usages que plusieurs commerçants leur attribuent, la plupart du temps arbitrairement, on n'en finirait pas ; néanmoins, je vais en donner un exemple.

Le compte de **Profits et Pertes** pourrait se subdiviser en celui : de *Frais généraux*, *Dépenses de Maison*, de *Commission*, d'*Assurances*, d'*Intérêts* et de *Successions*. Tous ces comptes et tant d'autres ne sont autre chose que des distinctions établies entre les différentes natures de *bénéfices* ou de *pertes* que l'on peut faire. Ordinairement, on passe toutes les subdivisions ci-dessus énoncées, dans le compte de *Profits et Pertes*.

Les Livres nécessaires à un négociant sont :

Le BROUILLARD, le JOURNAL, le GRAND-LIVRE.

Le **Brouillard** ou main-courante est un livre sur lequel sont inscrites les affaires journalières.

Le **Journal** est la mise au net du Brouillard ; il doit être tenu sans rature, il indique le débiteur et le créancier; c'est celui qui fait foi en justice.

Le **Grand-Livre** est celui qui contient les cinq comptes généraux et les comptes particuliers par *débit* et *crédit.*

Il y a d'autres livres qui sont en usage dans la comptabilité : ce sont ceux qu'on appelle **Livres auxiliaires**, et dont la pratique seule fera assez connaître l'utilité.

Avant d'aller plus loin, l'élève doit voir les Abréviations, page 25; se rappeler que le principe sur lequel l'art de la Tenue des Livres en *partie-double* est fondé, est : — Toute personne ou tout compte qui reçoit, doit être *débité;* et Toute personne ou tout compte qui fournit, doit être *crédité;* — puis s'exercer à mettre la théorie en pratique d'après le modèle qui suit :

EXEMPLES :

J'ai acheté à Pierre 15 *tonneaux de vin blanc à* 300 *fr. le tonneau, payables au* 20 *courant, ci.* . . . 4,500 *fr.*

Je vois que les **Marchandises générales** reçoivent ; elles doivent être *débitées :* (**Tout compte qui reçoit doit à celui qui donne.**) Je vois que *Pierre* me les fournit, il doit être *crédité.*

J'ai vendu à Bruno cinq barriques de sucre brut, à 400 *fr., payables à deux mois.* . . . . 2,000 *fr.*

Bruno reçoit du sucre; il doit être *débité :* (*Tout compte qui reçoit doit à celui qui donne.*) Marchandises générales donnent le sucre, elles doivent être *créditées.*

Millot m'a payé comme suit les 15,000 *fr. qu'il me devait ;*

il m'a compté en espèces 10,000 fr., il m'a remis son billet à mon ordre au 20 juin, de. . . . . 5,000 fr.

La **Caisse** *reçoit de l'argent* de Millot, elle doit être *débitée*. Les effets à recevoir *reçoivent* le *billet* Millot, ils doivent être *débités*. Millot *a donné* ces deux valeurs, il doit être *crédité*. (*Tout compte qui reçoit doit à celui qui donne.*)

J'ai payé à Lafontaine sa facture du 2 *courant, je lui remets en espèces* 3,830 fr.

Il ne faut pas confondre le paiement opéré pour une vente faite à l'instant, avec celui d'une vente conclue précédemment. Dans le premier cas, j'ai débité les *marchandises;* et dans le second cas, j'ai débité *Lafontaine*. C'est la seule difficulté qu'auraient pu donner à l'élève les mots : *Tout compte qui reçoit doit à celui qui donne.*

Ceci posé, il n'est plus possible, pour passer les écritures d'une opération qui n'est que la suite d'une opération précédente, de commettre aucune erreur.

Les explications que je viens de donner dans les **quatre** articles qui précèdent, suffiraient au besoin pour faire connaître à l'élève le débiteur et le créancier ; mais comme la complication des articles du **Brouillard**, ou des livres auxiliaires, se trouve simplifiée au **Journal**, il est bon de mettre ces deux livres en regard, afin que l'élève se rende facilement compte de la manière dont les opérations du **Brouillard** sont reproduites au **Journal**. Ces mêmes opérations sont également portées au Grand-Livre, au débit et au crédit de chaque compte ouvert ; j'engage donc l'élève à se bien renseigner, avant d'aller plus loin, sur l'ensemble de ces quatre articles, attendu qu'ils sont le résumé des principes de la Comptabilité.

Modèle du Brouillard.

1er *Janvier.*		
Vendu à Paul, 400 mètres drap de Sedan, à 25 f. l'un. . . . . 10,000 »	10,000	»
2 *dito.*		
Acheté à Lafontaine :		
40 mètres drap à 20 f. . . . . . . 800 »		
410 » toile à 5 f. . . . . . . 2,050 »		
80 » dentelle à 4 f. 25 c. . . 340 »		
200 » mousseline à 3 f. 20 c. . 640 »	3,830	»
3 *dito.*		
Acheté à André 196 balles de café à 8 f. la balle, payé comme suit :		
En espèces. 520 96		
Mon billet à son ordre au 1er Novembre. 1,000 »		
Retenu pour escompte 3 pour %. . . 47 04	1,568	»
4 *dito.*		
Payé à Lafontaine sa facture du 2 courant. Espèces. . . . . 3,830 »	3,830	»
	19,228	»

En examinant avec un peu d'attention les quatre articles qui sont passés du Brouillard au Journal et du Journal au Grand-Livre, on peut facilement distinguer, comme je l'ai déjà dit page 31, les débiteurs des créanciers. Ainsi, dans l'article du 1er janvier, on voit que *Paul* a reçu des Marchandises ; donc il doit au compte de Marchandises Générales, puisque *tout compte*

Modèle du Journal.

1er *Janvier.*		
Paul à Marchandises Générales pour 400 mètres drap de Sedan à 25 f. 10,000 »	10,000	»
2 *dito.*		
Marchandises Générales à Lafontaine, sa facture. . . . . 3,830 »	3,830	»
3 *dito.*		
Marchandises Générales à divers pour 196 balles de café à 8 f.		
A Caisse, espèces données. . . . 520 96		
A Effets à payer, mon billet ordre André au 1er Novembre. . . . . 1,000 »		
A Profits et Pertes, pour escompte 3 pour %. 47 04	1,568	»
4 *dito.*		
Lafontaine à Caisse, pour solde de sa facture du 2 courant. . . . . 3,830 »	3,830	»
	19,228	»

qui reçoit doit à celui qui donne. J'écris au Journal : **Paul à Marchandises Générales** pour 400 mètres drap de Sedan, à 25 f. 10,000 f. Je *débite* le compte de *Paul* au Grand-Livre, page suivante, et je *crédite* celui de *Marchandises Générales.* Tous les autres comptes se passent d'après les mêmes principes.

MODÈLE DU

Doit ***Marchandises***

1856 Janvier.	2	A Lafontaine, achats divers.		3,830	»
»	3	A divers 196 balles de café à 8 fr.		1,568	»

Doit ***Caisse.***

Doit ***Paul,***

1856 Janvier.	1er	A marchandises Générales pour 400 mètres de drap.		10,000	»

Doit ***Effets***

Doit ***Profits***

Doit ***Lafontaine***

1856 Janvier.	4	A Caisse pour solde.		3,830	»

Générales. Avoir.

1856 Janvier.	1er	Par Paul vente de 400 mètres de drap. . ..		10,000	»

Avoir.

1856 Janvier.	3	Par Marchandises Générales payé en espèces.		520	96
»	4	» Lafontaine » »		3,830	»

de Meaux. Avoir.

à payer. Avoir.

1856 Janvier.	3	Par Marchandises Générales mon billet ordre André, au premier Novembre.		1,000	»

et Pertes. Avoir.

1856 Janvier.	3	Par Marchandises Générales, escompte retenu.		47	04

de Châlons Avoir.

1856 Janvier.	2	Par Marchandises Générales vente de divers objets.		3,830	»

CORRESPONDANCE

COMMERCIALE.

CORRESPONDANCE.

LETTRE DE M. **MARTIN** A M. **LAURINE.**

Marseille, le 15 mai 1856.

Conformément à l'ordre que vous avez bien voulu me donner lors de mon passage dans votre ville, j'ai l'honneur de vous prévenir, Monsieur, que je viens de faire charger pour votre compte à bord du ***Moka*** 15 fûts de vin blanc de Chablis, marqués et numérotés comme en marge. Vous en avez la facture montant à 1,500 fr. à votre *débit* et pour lesquels j'attendrai vos remises à trois mois sur Paris suivant nos conventions.

J'espère que vous serez satisfait de cette marchandise et que vous voudrez bien me continuer votre confiance.

Je vous salue avec une parfaite considération.

MARTIN.

RÉPONSE DE M. **LAURINE** A M. **MARTIN.**

Paris, le 25 mai 1856,

Je reçois à l'instant les 15 fûts de vin de Chablis que vous m'avez annoncés par votre missive du 15 du courant et je vous en *crédite*, conformément à votre facture, par 1,500 fr.

Pour vous couvrir de cette valeur, je vous remets sous ce pli, à votre ordre, *ma traite* 1,500 *fr.*, *au* 20 *août prochain sur Nayrac* de Nîmes, qui balancera la somme ci-dessus.

Je vous prie d'agréer mes salutations empressées.

LAURINE.

LETTRE DE M. **LAURINE** A M. **NEYRAC**, DE NIMES.

Marseille, le 26 mai 1856.

J'ai tiré sur vous en date de ce jour pour 1,500 fr. au 20 août *à l'ordre de Martin*, de Marseille, veuillez prendre note de cette disposition.

Je profite de l'occasion pour vous prier d'expédier pour mon compte et au plus bas *prix de voiture* à M. Joly, de Paris, en lui en donnant avis purement et simplement, les 25 balles de laine semblables à l'échantillon que vous avez remis à mon voyageur. Je vous prie de m'en faire passer la facture dans le plus bref délai. Nous sommes convenus de 3 p. % de bon poids et de 90 jours.

Votre bien dévoué,

LAURINE.

RÉPONSE DE M. **NAYRAC** A M. **LAURINE**.

Nîmes, le 1er juin 1856.

En réponse à votre lettre du 26 mai dernier, j'ai l'honneur de vous prévenir que j'accueillerai *à présentation votre traite*.

J'expédie aujourd'hui par le chemin de fer les 25 *balles* de laine que vous m'avez commises. Ci-joint je vous en remets facture montant à 1,250 fr., qu'il vous plaira de me *créditer valeur à trois mois.*

Veuillez croire à mon sincère dévouement.

NAYRAC.

LETTRE DE M. **ISART** A M. **SÉNAT.**

Paris, le 20 juin 1856.

On m'a présenté *une traite non avisée de* 800 *fr., ordre Nicou, tirée du* 15 *courant;* cette traite porte *suivant avis, et je n'en ai reçu aucun :* j'aurais pu par ce motif en *refuser le paiement,* mais voulant vous éviter le désagrément *d'un retour* j'y fais *honneur* pour cette fois.

Votre cousin m'a fait le plaisir de venir me voir, et je lui ai compté sur son reçu 10,000 fr., dont vous serez assez bon de *me créditer.*

Je lui ai donné ce matin, avant son départ pour Londres, plusieurs lettres de recommandation à l'adresse de mes correspondants.

J'ai l'honneur de vous saluer.

ISART.

RÉPONSE DE M. **SÉNAT** A M. **ISART.**

Orléans, le 22 mai 1856.

Je me hâte de répondre à la lettre que vous m'avez fait l'honneur de m'écrire, le 20 du courant, pour vous remercier d'avoir *acquitté ma traite de* 10,000 *fr.* dont j'avais oublié de vous donner avis; je *crédite votre compte* de cette somme.

La bienveillante et gracieuse attention avec laquelle vous avez accueilli mon cousin, que j'avais pris la liberté de vous recommander, m'a fait le plus grand plaisir et je ne pourrais trop vous en témoigner ma reconnaissance.

Néanmoins permettez-moi, Monsieur, de vous faire observer qu'une lettre de recommandation pure et simple ne peut-être considérée comme *une lettre de crédit*, et que vous avez eu tort de lui verser 10,000 fr., sans y avoir été autorisé. Son père refusant cette valeur, j'aurais le droit de ne pas la reconnaître ; mais vu votre obligeance, je me charge de cette affaire et en *crédite votre compte*.

Tout à vous de cœur.

SÉNAT.

LETTRE DE M. **BORDES** A M. **ELIE.**

Lille, le 18 août 1856.

M. Boudet, *commissionnaire* dans votre ville, vous remettra deux caisses marquées : B. E. Nos 1 et 2, contenant 20 douzaines de montres de Genève ; ci-joint vous trouverez la facture. Si vous soignez la vente de cette marchandise et si cet essai répond à mon attente, ainsi que je l'espère, je ne tarderai pas à vous faire des *consignations* plus importantes.

En attendant l'occasion de multiplier nos relations, je vous renouvelle tout mon attachement.

Je vous salue.

BORDES.

P. S. M. Couret mon commis ira prochainement dans votre ville, veuillez le tenir au courant de ce que vous aurez fait.

LETTRE DE M. **HÉBERT** A M. **GENTIL.**

Saint-Dizier, le 20 août 1856.

Je vous confirme ma lettre du 10 juillet concernant *l'extrait de votre compte* arrêté la veille avec *un solde* de 210 fr. 20 c. en votre faveur; votre silence me fait penser que vous l'aurez trouvé sans erreur.

Sous ce pli je vous remets 1,500 fr. à 90 jours, *à votre ordre, sur Gaspard et Cie;* je vous prie de m'en *créditer*.

Depuis déjà longtemps notre correspondance est en souffrance, n'aurions-nous pas quelque chose à faire *en Banque*.

Croyez-moi votre dévoué,

HÉBERT.

RÉPONSE DE M. **GENTIL** A M. **HÉBERT.**

Paris, le 11 septembre 1856.

Avec votre lettre du 20 août, j'ai recu *l'Effet* de 1,500 fr., qu'elle accompagnait, *sur Gaspard et Cie;* je vous en ai de suite *crédité*. Cet *Effet* ayant été *protesté* 5 *jours après l'échéance*, j'ai *refusé le remboursement* pour que vous ne perdiez pas votre *recours contre les endosseurs*.

Agréez mes civilités.

GENTIL.

LETTRE DE M. **ARGENTIER** A M. **LEDOUX.**

Le Havre, le 25 septembre 1856.

J'ai reçu la lettre que vous m'avez fait l'honneur de m'écrire le 16 du courant et à laquelle se trouvaient jointes *vos*

18 *remises sur Paris* montant à 50,000 fr., dont vous êtes *crédité*.

D'après votre avis, j'ai fait assurer les marchandises qui sont sur *le navire le Souffle*, et qui fait voile du Havre au Brésil. La *police*, la *prime*, et la *commission* s'élèvent suivant la note à . . . . 285 fr. 50 c.

Ma commission de banque. .	17 fr.	20 c.		
Ports de lettres. . . .	1	25		
	18	45	18	45
Vous me devez.			303	95

Je fais *traite sur vous à vue*, persuadé que vous lui ferez bon accueil *à sa présentation*.

Votre dévoué serviteur,

ARGENTIER.

LETTRE DE M. **CRÉPUT** A M. **JULIEN**, NÉGOCIANT.

Paris, le 12 octobre 1856.

M. Cartier, mon protecteur, m'a engagé à me présenter chez vous à l'effet de vous demander l'emploi de Teneur de Livres que vous avez à donner. Je crois, Monsieur, pouvoir vous fournir, soit sur ma moralité, soit sur les connaissances que j'ai des affaires, des renseignements satisfaisants.

Veuillez, je vous prie, Monsieur, m'honorer d'une réponse, et agréer mes salutations respectueuses.

Votre très-humble serviteur,

CRÉPUT.

RÉPONSE DE M. **JULIEN** A M. **CRÉPUT.**

Paris, le 15 octobre 1856.

J'ai, il est vrai, Monsieur, besoin d'un Teneur de Livres; déjà il s'en est présenté un assez grand nombre, mais je les trouve généralement si peu instruits que je n'ai encore pû fixer mon choix. Je voudrais un homme d'expérience et familiarisé avec le style des affaires, un homme d'ordre et discret.

Le *Teneur de Livres* est celui de mes employés qui a toute ma *confiance* : *dépositaire* des *secrets de ma fortune*, le premier de ses devoirs doit être la *discrétion*. Les hommes légers sont inhabiles aux emplois qui exigent de l'*assiduité*, de la *réflexion* et la *justesse d'esprit*, qui est le propre du *comptable; l'ordre* et une *bonne méthode* sont plus utiles aux négociants que des capitaux; tandis que sans ordre, quoique avec des fonds considérables, une maison court à sa ruine.

Je vous salue.

JULIEN.

P. S. On me trouve de 10 à 11 heures dans mon bureau, je vous engage à venir me voir.

LETTRE DE M. **ARTIS** A M. **JOUMARD.**

Paris, le 29 juin 1856.

Depuis deux ans je suis en lutte avec de grands efforts contre le mauvais état de mes affaires. Mes *créanciers* soupçonnant ma gène m'ont fait prendre des *engagements* en leur *souscrivant des effets* qui vont échoir et auxquels je ne puis faire *honneur*; dans cette situation, je me vois forcé de prendre le parti extrême de me déclarer *en faillite :* ce parti qui brise mon cœur d'honnête homme.

Par l'état de ma *situation* que je joins à la présente, vous verrez que le fruit de longues années de travail, la dot de mon épouse que j'ai dépensée et la plus sévère économie n'ont pas été d'assez puissants motifs pour empêcher le *déficit considérable* de 35 p. %. Je fais appel à votre longue expérience, à vos lumières, surtout à votre impartialité, pour me tracer la marche à suivre dans cette *périlleuse position.*

Je vous prie, Monsieur, d'excuser mon importunité et d'agréer mes très-humbles salutations.

ARTIS.

RÉPONSE DE M. **JOUMARD** A M. **ARTIS.**

Rouen, le 1er juillet 1856.

J'ai reçu votre lettre et *l'état de votre situation* qu'elle contenait. Je regrette que vous ayez tant tardé à me faire cette communication, car j'aurais pu arrêter le mal qui dans ces circonstances prend de si formidables proportions ; quoi qu'il en soit, la faute que vous avez commise est commune au plus grand nombre de ceux chez qui les affaires périclitent et qui sont de bonne foi ; c'est par ce motif que vos *créanciers* ne peuvent manquer d'indulgence. Voici mon avis :

Vous ne devez pas vous déclarer en *état de faillite* si vos *livres sont en règle.* A en juger par *l'état* que j'ai sous mes yeux, vous devez pouvoir *justifier vos pertes* et montrer votre *livre de dépenses bien tenu. Convoquez* sans crainte *vos créanciers à l'amiable ;* ils ne manqueront pas de vous accorder un délai de trois *années* pour vous libérer par *tiers,* par *an,* et cela sans *in-*

térêts. Mais pour arriver à ce point et pour vous concilier la bienveillance de vos créanciers, il faut que votre *conseil* commande l'*estime* par ses *bonnes mœurs* et sa *probité ;* les affaires de cette nature confiées à des mains inhabiles sont souvent malheureuses, et ne peuvent s'arranger.

La présence d'un homme ne jouissant pas d'une bonne réputation fait rejeter par une assemblée honorable des propositions que l'homme intègre fait toujours accueillir avec bonté.

Si vous êtes assez heureux, comme je le désire et l'espère, de faire admettre les raisons que je vous ai tracées plus haut, je m'engage à *garantir* 35 *p.* % *de déficit.* Par votre activité, par votre zèle, vous parviendrez à remplir *vos engagements* dans le temps qui vous sera accordé. Mettez de l'ordre dans vos affaires, dans vos paiements, et ne souscrivèz aucune *promesse* n'étant pas sûr de pouvoir la tenir.

Dans le cas où vous auriez besoin de quelqu'un de recommandable pour cette affaire, je pourrai vous adresser un de mes amis qui se fera un plaisir de vous être agéable.

J'ai l'honneur de vous saluer.

JOUMARD.

LETTRE DE M. **EDOUARD** A M. **LECLÈRE.**

Lille, le 12 février 1856.

M. Beau fils de Francfort se rend dans votre ville ; j'ai l'honneur de vous l'adresser avec prière de vouloir lui accorder vos bons offices s'il est à même de les réclamer; je vous prie également de lui remettre *l'argent nécessaire* à ses besoins et d'en *débiter mon compte en m'en donnant avis.*

M. Beau, pour la première fois, va se trouver livré à lui-même, dans un pays étranger, éloigné de sa nombreuse et estimable famille, et où il sera sans connaissances. Les maisons recommandables où il serait admis lui procureraient, ainsi qu'à ses parents, un agrément que personne mieux que moi n'est à même d'apprécier, ayant eu l'avantage de connaître ce jeune homme, pendant le court séjour que j'ai fait à Francfort.

Veuillez agréer, cher ami, et faire agréer à votre famille, l'expression de mes sentiments dévoués.

Votre tout dévoué,

ÉDOUARD.

LETTRE DE M. **BEAU** A M. **LECLÈRE.**

Francfort, le 15 mars 1856.

En rappelant mon fils de Londres pour Francfort, je m'empresse de vous offrir mes remerciements ainsi qu'à votre estimable famille pour les bontés que vous n'avez cessé d'avoir pour lui; il s'en applaudit et me témoigne combien il est heureux d'être admis dans une famille qui lui présente l'exemple de toutes les vertus jointes à ce que la douceur, l'aménité et l'indulgence peuvent offrir de charmes dans la société.

Permettez, Monsieur, que je vous offre mes services dans toutes les occasions où ils vous seraient agréables, et ainsi qu'à Madame Leclère, mes remerciements pour les bontés que vous avez eues pour mon fils.

Votre très-humble et très-dévoué serviteur,

BEAU.

LETTRE DE M. **BERSON** A M. **GESTAS.**

Brest, le 2 décembre 1856.

D'après l'*ordre* que vous nous en avez donné nous ***expédions*** aujourd'hui à bord du ***navire le Grand-Cerf,*** capitaine ***Emile Berson***, à l'ordre de M. B.-L. Chapuis à Rio-Janeiro, 3 colis marqués J. T. nos 1, 2 et 3 montant suivant la facture ci incluse à. . . . . 10,000 fr.

Vous trouverez ci-joint les renseignements que vous m'avez demandés.

Vous trouverez également sous ce pli le ***connaissement*** de cette expédition que je n'ai pas fait assurer d'après le désir que vous avez d'en faire couvrir les risques par une chambre de vos assurances.

D'après votre ordre, je rembourse pour vous à M. Saint-Paul de Brest la somme de 1,210 fr. *en un effet* au 31 décembre prochain. Je ne doute pas de l'accueil qu'il recevra, pour votre compte je vous invite à *en donner avis* pour la bonne règle.

J'ai l'honneur de vous saluer.

E. BERSON.

Note. Je connais M. L. depuis son jeune âge ; il a de l'ordre, il est laborieux, sobre et fait son bonheur de vivre au sein de sa famille. Lors de son mariage sa fortune était fort modique, mais il a conduit ses affaires avec tant de sagesse qu'il a prospéré en peu de temps d'une manière sensible. Il n'est pas à ma connaissance qu'il ait jamais manqué à ses engagements.

Quant à M. J. il s'occupe peu de ses affaires ; élevé avec des goûts de luxe, il n'a point l'esprit du commerce et passe une partie de son temps à des plaisirs qu'un chef de maison et un père de famille ne doivent point avoir. Une spéculation malheureuse suffirait pour compromettre sa fortune.

Je laisse à votre longue expérience le soin de tirer parti de ces renseignements.

LETTRE DE M. **DUPONT** A M. **LENOIR**, SON TENEUR DE LIVRES.

Paris, le 10 août 1856.

J'ai appris que vous passiez une partie de la soirée dans les cafés et que vous vous y livriez au jeu. En fréquentant ces lieux, vous ne pourrez acquérir l'estime des gens de bien ; vous courez le danger d'être en contact avec des hommes qui vous détourneront de vos travaux et de contracter des goûts qui ne peuvent se concilier avec les devoirs de votre état. Le *bonheur ou le malheur de la vie dépendent des goûts et des habitudes que nous nous formons*. Veuillez peser ces mots, et en faisant le choix de l'une ou de l'autre de ces conditions vous devez déjà comprendre où vous devez arriver et le parti que j'aurai à prendre.

Je vous salue.

DUPONT.

Comme par le passé, MM. les Négociants et Banquiers trouveront dans les élèves de **M. Joly** *des Teneurs de Livres, Comptables et Caissiers expérimentés.*

Bien que par mes ouvrages on puisse apprendre sans maître, pour en faciliter l'étude aux personnes qui se destinent au commerce, j'offre de leur donner des leçons qui en très-peu de temps les mettront au courant des connaissances qui leur sont nécessaires; ils trouveront, jointes à mes cours, des leçons d'**Écriture**, de **Français** et d'**Anglais**.

PARTIE DOUBLE,	en 12 leçons.	**ARITHMÉTIQUE COMMERCIALE**	en 15 leçons
PARTIE SIMPLE,	8 »	**COURS DE BANQUE,**	8 »
JOURNAL-GRAND-LIVRE,	5 »	» **BOURSE,**	5 »
COMPTES COURANTS et **d'INTÉRÊTS,**	5 »	**ÉCRITURE ANGLAISE,**	25 »
		» **RONDE,**	15 »

LEÇONS PARTICULIÈRES pour les Dames le soir et dans la journée.
LEÇONS EN VILLE et dans les Collèges.

De l'imprimerie de BEAU, à Saint-Germain-en-Laye.

www.ingramcontent.com/pod-product-compliance
Ingram Content Group UK Ltd.
Pitfield, Milton Keynes, MK11 3LW, UK
UKHW022211070726
13613UKWH00004B/1583

9 782019 965501